Gottfried Jäger

ES IST SO STILL!?

Dunkle
und
weniger
dunkle
Lyrik

Gottfried Jäger
- ES IST SO STILL!? -

1. Auflage (26. Mai 2023)
ISBN 978-3-96692-108-4
©2023
Verlag & Gestaltung:
Stockwärter Verlag, Halle (Saale), Bernd Stockmann
Druck & Herstellung:
BoD - Books on Demand GmbH, Norderstedt

Es ist so still!?

Hörst du,
wie die Kindlein schweigen?
Ich hatte sie erzogen.
Sie folgten mir
und waren in der Seele rein
und wurden doch betrogen.

Sie glaubten.
Sie folgten.
Sie gingen fehl.

Ich war ihr Vater,
war ein Gott
und ließ sie um die Strafen bitten.
Ich küsste sie
und führte alle zum Schafott.
Wie hab ich doch gelitten!

Es ist so still!?

Zur Nacht

Träume,
ja träum fein, mein Kind.
Der Tag ist noch fern.
Träum fein, noch lang ist die Nacht
und von Norden her kommet der Wind.

Träume,
ja träum fein, mein Kind.
Deine Mutter ruht.
Träum fein,
auch Vater ist tot.
Schon im Sommer starb er geschwind.

Träume,
ja träum fein, mein Kind.
Lass die Äugelein zu.
Träum fein,
der Tod holt auch dich,
Träume, der Tod, das bin ich!

Zerrissen

Zur Neige geht der Tag.
Langsam erwacht
stöhnend aus ihrem kalten Sarg
die Nacht.
Sie schüttelt ihre schwarze Mähne,
schaut herab –
bleckt die blanken Sternenzähne
und zerreißt mit ihnen
unser aller Lebensspiel –
ohne Sinn
und ohne Ziel.

Allein

Abend,
leise schläft das Leben ein.
Der Tod erwacht.
Es wird still
und es wird Nacht.
Du bist allein.

Flügelschlag
mit leisem Rauschen,
das bedroht
und dich greift.
Haltlos, schwebend tot
bist du allein.

Flüstern,
Stimmen locken ohne Klang.
Habe Acht!
Sie wollen dich –
und in dieser Nacht
bist du ganz allein.

Herr der Ratten

Ich gebar die Ratten;
gebar sie aus dem Hass –
meinem Hass –
und warf sie ohne Zögern
in die Welt.

Ich nährte die Ratten;
nährte sie mit meinem Fleisch –
aus den Lenden gerissen –
bis sie fett waren
und trunken vor Sattheit.

Ich liebte die Ratten;
liebte sie bis aufs Blut –
mein Blut –
bis sie mich liebten
und Vater nannten – und Mutter.

Ich tötete die Ratten!

Schreie

Hämmern, Klopfen –
Schreie hallen mir durchs Hirn
und ich will das Maul aufreißen,
mit den Zähnen
um mich beißen.
Blaue Bäume in der Erde –
Steine jammern laut ein Lied;
Krähen schlagen ihre Schnäbel
in mein Fleisch,
fressen lachend Glied für Glied.

Hämmern, Klopfen –
Schreie hallen mir durchs Hirn
und ich tanze auf den Leibern
und ich saufe Blut.
Saufe, saufe – fresse Leben!
Schreie! Schreie – niemals Liebe,
nur noch Hass.
Ohne Grenzen ist mein Streben.

Hämmern, Klopfen –
Schreie hallen mir durchs Hirn!

Verzweiflung

Schwere Hand,
so hart
und voller Wut,
das Herz ohne Lachen –
leere Augen,
ganz ohne Tränen –
Verzweiflung heiße ich!

Dunkelheit ist mein Gefühl

Dunkelheit ist mein Gefühl –
ist toter Schmerz und Stille;
ist jene Angst,
die keinen Boden kennt,
der Ort,
an dem der Wahnsinn mich beim Namen
nennt.
Sie ist mir Leib und Wille.

Dunkelheit ist mein Gefühl –
das Licht nur Illusion;
ein Traum
auf einer blinden Reise.
Mein Leben schleicht sich
feig und leise
davon – und lächelt voller Hohn.

Zweifel

Leere –
Traumlosigkeit
wie Tod –
Leben sägt
mit scharfen Zähnen
Seelen entzwei
und Lust
endet ausgeblutet
im Zweifel.

Rote Jagd

Schnell, ohne Klage starb der Tag.
Es ist nun Zeit zu leben!
Mit Stöhnen öffnet sich der Sarg,
darin ich allzu lang gelegen.

Ich strecke meinen starren Leib,
lockere die steifen Glieder,
küsse zart mein kaltes Weib:
„Geliebte mein, ich kehre wieder."

Auf schwarzen Schwingen gleite ich
durch nebelgraue Gassen.
Der grimmge Hunger treibet mich,
ein zartes Fleisch zu fassen.

        Begonnen hat die Rote Jagd!
        Schatten eilen durch die Nacht
          und bevor es wieder tagt
          wird blutige Beute gemacht!

Weiße Leiber will ich beißen,
dass das rote Blut mir rinnt.
Will sie sanft in Stücke reißen,
dass mein Leib an Kraft gewinnt.

Frauen heulen, Kinder flehen,
Männer bitten mich auf Knien.
Niemand kann mir widerstehen;
niemand sich der Gier entziehen!

Ich will jagen aller Orten –
auf dem Feld, in Wald und Haus,
hetze Menschen aller Sorten –
mir zur Nahrung – euch zum Graus!

Begonnen hat die Rote Jagd!
Schatten eilen durch die Nacht
und bevor es wieder tagt
wird blutige Beute gemacht!

Bald wird alles besser

Schwarze Wogen
haben Leben aufgesogen,
weiße Sterne
grinsen böse in der Ferne.
Lachen! Lachen!
Schwarze Rachen!
Wölfe heulen in der Nacht.
Rauben, morden –
alles Böse liegt verborgen,
wartet schon im Morgen.
Und ich wetz mein Messer.
Bald wird alles besser!

Wo ist das Licht?

Dunkel ist's,
so dunkel, dass ich schreie!
Hörst du mich nicht?
Ist denn der Tag schon tot?
Wo ist das Licht
in dieser Einsamkeit?
Wo ist das Brot,
das meine Seele nährt?

Dunkel ist's,
so dunkel, dass ich schreie!
Der Tag ruht längst
in seinem Grab –
und auch die Hoffnung
ist gestorben.
Für mich gibt es kein Morgen.

Er flüsterte

Er flüsterte:
„Ich bin der Tod.
Lass dich von mir umarmen.
Und hoffst du noch,
mir zu entkommen,
so hoffst du doch umsonst.
Ich bin der Tod
und rufe dich bei deinem Namen.“

Er flüsterte:
„Gehorche mir!
Du musst dich mir ergeben.
Zögere nicht,
denn Zögern bringt nur Schmerz.
Ich bin der Tod
und fordere dein Leben,
das mir von Kindheit an
versprochen war.“

Sie schloss die Augen,
gab sich hin
und war nur achtzehn Jahr.

Ich habe den Satan geschlagen

Ich habe den Satan geschlagen
und er hat nicht gelacht.
Er konnte die Schmerzen nicht tragen,
das hat ihn furchtsam gemacht.

Das Lächeln ist ihm geschwunden
aus seinem schönen Gesicht.
Blutend aus tiefen Wunden
erwartete er das Gericht.

Vergeblich bat er um Gnade;
für Gnade war mein Zorn zu groß.
Ich schlug ihm Kopf und Arsch und Wade,
warf ihn hinab in jenen Höllenschoß,

Wo er in seinen bessren Tagen
das Übel dieser Welt erdacht.
Ich habe den Satan geschlagen
und er hat nicht gelacht!

Höllenschlund

Angst
schwarze Wand
weicht nicht
steht fest
droht
spottet mit Gelächter
aus fauligem Maul
ein Höllenschlund
aus Nichts
aus Allem
quält mit Feuer
die Seelen

Nackt

Die Nacht
deckt die Schande nicht zu
und die Zeit
reicht nicht aus.
Denn Versagen und Schande
schreien,
klagen dich an,
tauchen Lust, Gier
und Wut
in taghelles Licht.
Nackt stehst du,
gefangen im Auge der Welt,
die erbarmungslos lacht.

Mene Tekel

Gewogen und zu leicht befunden –
all dein Tun trug keine Frucht;
all dein Schmerz war
Eitelkeit
und die Opfergaben
machten dich nicht frei.

Gewogen und zu leicht befunden –
deine Rufe blieben ungehört,
denn die Leidenschaft
und die Wut
waren ohne Liebe,
ohne Wert.

Gewogen und zu leicht befunden
richtest du dich selbst
voll Furcht
und Zweifel,
eh' die Häscher kommen.
Eh' du vor dem Richter stehst.

Doch die Glut ist schon geschürt
und der Richterspruch,
in den Stein gebrannt,
wird dich noch im Tod ereilen.

Höllentanz

Mein Leben ist
ein ungehörter Schrei
und Elend,
das nie enden will.
Da ist kein Glück –
nur Qual für mich,
denn der Satan spielt
auf meinem blanken Arsche tanzend
den Höllenmarsch

Schweig still

Schweig still, ganz still mein Herz.
Werde zu Stein.
Sei hartes Erz
und lass dein sinnloses Schlagen.
Verharre endlich ohne Laut.
Der Frühling lebt – was willst auch du noch
leben!
Was hättest du der Welt geschenkt,
dass ihr nicht schon in reichem Maß
von anderen gegeben?

Schweig still, ganz still mein Herz.
Du hast genug gezittert,
hast genug erduldet.
Nun lege dich zur Ruh –
dein Schlagen bleibt doch ungehört.
Sei deshalb nicht verbittert!
Der Frühling ist die beste Zeit
um endlich einzuschlafen.

Schweig still, ganz still mein Herz!

Totenfeld

Auf dem Feld des Todes
singt das Leben.
Es singt den Toten ein Lied.
Mit ungezählten Farben,
ungezählten Stimmen,
bricht es ihm im eignen Reich
Glied um Glied,
um sich triumphierend von der Erde,
der fetten und satten,
zu nähren.
Um den Toten darin
ein letztes Lächeln im Schlaf
zu gewähren –
und Trost.
Denn auf dem Feld des Todes
singt das Leben sein Lied.

herznacht

der letzte schlag
dann stille
das leben wich
der tod
lässt auf sich warten
herznacht
kein tag der kommt
keine lust erhellt den geist

Vollendet

Die Sonne blutete.
Aus tausend Wunden
floss ihr Weh
und alle Stimmen
schliefen ein,
als sich der Vorhang schloss.
Vollendet war die Nacht!

Abgezählt

Ene, mene, muh!
Der Tod bietet sein Du
und spuckt
dir in die Lebenssuppe.
Befruchtet ist des Teufels Glucke!
Ene, mene, meck –
gleich bist du weg!

Herbst

Lachend stiehlt sich der Tod ins Leben,
bläst seinen kalten Hauch
in den noch warmen Sommerwind.
Er lässt uns
ahnungslos
zum Ende streben,
noch eh' wir mit dem Leben fertig sind.

Kaum dass der Tag begonnen,
eilt schon die Nacht herbei.
Kaum dass du
mit schwachem Schrei
dem Mutterschoß entronnen,
macht dich der Tod
von allem Leben frei
und lacht.

Sei mehr

Keine Angst –
das Leben ist.
Nur Mut –
der Tod ist nicht.
Dem Zweifel nachzugeben,
heißt nur
das Leben zu verraten,
heißt Mensch zu sein.
Sei mehr!

später ruhm

verachtung nur
umnachtung – tod
geiergrinsen
der dank
den neidern
der ruhm
den dir so niemand gab
trunken vor glück
nur der leichnam

Sein Vater

Sein Vater war
nur ein Traum
ohne Erinnerung,
eine Frage ohne Antwort –
Schweigen
und der traurige Blick
seiner Mutter
auf ein Bild,
das so nie wirklich war –
ein Fluch auf seinen Lippen.

Greisenlied

Mein letzter Zahn
fiel aus,
als er, umnachtet noch
von jugendlichem Wahn,
ein Kotelett zernagte.
Und all mein Haar entfernte sich,
vor Langeweile grau geworden,
von meinem Kopf.
Am Arsch reicht es dafür
zum Zopf!
Auch plagt mich heftig Gliederreißen
und statt zu küssen oder ficken
kann ich nur traurig blicken
und in die Hose scheißen.

So nagt das Alter mir
genüsslich an den Knochen
und auch Gevatter Tod
hat schon das faule Fleisch gerochen,
das üppig von dem Leibe hängt,
der einst mein Tempel war
und der nun fremd geworden.

Frühlingsbeginn

Eines Morgens,
noch mit Schlaf in den Augen
und wankend
von den Träumen der Nacht,
sah ich
zum Fenster hinaus.
Da ward der Winter
umgebracht
von tausend Frühlingsblüten.

Hinterhofserenade

In einer düstren Nacht geschah's,
da ich
von grässlich Schreien aufgewacht.
Gequält, verzweifelt
klang es durch das Dunkel,
beleuchtet nur von Sterngefunkel,
und klang noch Stunden später
mir im Ohr –
der rollig Katzen wilder Chor.

Tierliebe

Ich liebte die Katzen,
besonders ihr Fell,
das mir die Nieren wärmte.
Und auch mein Nachbar
schwärmte
von diesen Tieren.
„Ein gar köstliches Fleisch",
pflegte er zu sagen
und begann bereits
bei dem bloßen Gedanken daran,
als würd' ihn ein Hunger plagen,
das Schmatzen.
Es sind gar nützliche Tiere,
diese Katzen!

Fischbrötchen

Mit Zwiebeln,
Salat,
flach geschlagen und
blutlos –
der Kopf längst
Fraß für die Katzen –
so liegt er da;
ein Hering,
salzig
und wohlschmeckend tot
in weißes Gebäck
gepresst.

Die Forellin

Eben noch
sah sie mich an
mit staunendem,
fast flehendem Blick.
Jetzt ist sie tot
und gebrochen das Auge.

Doch ich werde sie
nicht begraben,
nicht betrauern –
sondern ehren
und mit Zitrone garniert
genießen.

Spätherbst

Herbst,
die bunt belaubten
Knochen
knarren trüb
im feuchten Grippehauch.
Hohl dringt
aus halbverwestem Leib
ein Husten.
Winters Todesatem
naht nun auch.

Grenzkinder

Im Staub,
an der Straße,
in die Abgase fremder Autos gehüllt –
gierigen Böcken zum Fraße –
verreckt die Zukunft
achtlos zerknüllt
im Staub
an der Straße.

Vom Dreck fast erstickt,
die zu junge Haut
faltig geschminkt,
fast zu Tode gefickt,
Tag und Nacht –
Mädchen, scheinwerferumringt
vom Dreck
fast erstickt.

Junge Mutter

Im Bus,
auf dem Weg
von der Vorstadt ins Leben,
ein Gesicht –
zerfurcht von der Not –
Armut und Angst
trotz der Jugend
und ein Kind auf dem Arm,
schmutzig und schwach –
eine Mutter.
Nur die Augen
glänzten noch wach
in dem grauen Gesicht,
wagten zaghaft
zu lächeln.
Sie weckten die Liebe in mir.

Wunsch

Das Grau des Tages
kann ich nicht beenden;
kann nicht die Kälte bannen
aus Baum und See
und Stein.
Doch ich will zärtlich sein
zu deinen zitternd Lenden,
will unter dunklen Tannen
dir heiße Küsse geben.
Lass mich der Stachel sein
in deinem weichen Fleisch
und eine Decke
deinem Leib.

Stachel im Fleisch

Um ein Haar,
nur für einen Moment,
hätte ich vergessen –
hätte mein Leben
dem Leben geweiht.
Du hast mich
in einem letzten Augenblick
erinnert;
warst mir bitterer Speichel,
in die Seele gespuckt –
warst mir der Stachel
in meinem Fleisch.

Eifersucht

Warum sollte ich keine Fragen stellen?
Warum,
obwohl der Zweifel nagend ist,
kein Urteil fällen?
Sieh, wie der Zorn in meinen Eingeweiden
frisst!
Schon kommt die Nacht
und sacht
will ich dir deine Knospen beißen,
will Fleisch aus deinen Lenden reißen
und Blut auf meinen Lippen schmecken;
will Hass in mir
mit Hass erwecken
und dir das Dunkel zeigen,
wo Angst und Schmerz sich zu dir neigen
und alles weint.
Wo selbst der Tod Erlösung scheint.
Umarme mich!

Trennung

Vorbei.
Mein Traum entlarvt,
nur eine Lüge.
Der Wahnsinn kauert sich
ins Hirn.

Vorbei!
Die Liebe starb
mit jenem letzten Kuss,
der bitter war.

Verrat das letzte Lachen!

Verdammtes Leben

Lass mich doch los,
du Qual,
du Feuer und Schmerz!
Halte mich fest,
du Lachen,
zärtlicher Kuss.
Verschlinge mich –
verdammtes Leben!

Gier

Sanft wellig,
gleißendes Gold
floss
über Schultern
und Leib,
verdeckte beinahe
ihren prallen Arsch,
und den gierigen Schoß,
der verzweifelt
zuckend
nach der Liebkosung
meines Gliedes schrie.

Zwei Fragen

Zwei Fragen wagte ich
an dich,
an mich
und war doch voller Furcht.
Liebst du mich?
Liebe ich dich?

Du hattest keine Antwort
und ich schwieg.

Es kann nur einen geben

Dialoge –
nur vaginale Ideologie –
nur feiges Gewinsel vorm Feind.

Sex –
klar und stark –
das penetrierte Leben zuckt
und der Samen,
in die Lust gespuckt,
windet sich im Todeskampf.

Es kann nur einen geben!

Ich dachte

Ich dachte,
du wärest die Wölfin,
die nach der Jagd
meine Wunden leckt,
mir Wärme gibt
und die Sicherheit ihrer Höhle.
Doch du warst
die Hyäne,
die das Fleisch
aus meinem wehrlosen Körper riss
und ohne Zögern
auch mein Innerstes fraß.

Söhne

Wenn Söhne sind im Herzen matt,
dann haben sie den Vater satt.
Sie wenden sich den Mädchen zu
und schwängern sie zur Mittagsruh,
damit der Vater Enkel hat.

Sklavin

Komm!
Lass mich deine feisten Backen
mit den Pranken packen
und auch deine Brüste greifen –
diese zarten, köstlich reifen.
Auch will ich deine harten
Knospen küssend warten.
Lass mich, Geliebte, alle deine Zonen
froh und reich belohnen.

Sieh, wie mein Hirtenstab sich reckt!
Fühle die Gier,
mit der meine durst'ge Zunge dir
alles Nass aus deinem Leibe leckt.
Nie sollst du die Stund vergessen,
da ich dich im Zorn besessen!
Komm! Ergebe dich der Nacht,
die dich mir zur Sklavin macht.

Der Rubin

Tränenlos,
bleich lag sie im Gras,
als er sie
wortlos
umarmte.
Dort, wo ihr Herz schlief,
glänzte ein Rubin,
der – kaum berührt –
in ungezählte Splitter
zersprang.

Lerchengesang

Ein Lächeln ohne Wahrheit,
ein Gruß,
der mich nicht glücklich macht
und in der Seele so viel Nacht
und Hass,
so weit das Auge reicht – so weit.
So weit!
Da gibt es kein Erbarmen,
kein Zögern mehr!
Das Röcheln,
das aus ihrem Munde dringt,
ist schön.
Hör nur,
wie glockenhell die Lerche
noch im Sterben singt.

Mein Hass

Mein Hass –
er träfe mich,
nicht dich!
Und meine Wut –
sie würde mich verzehren
und nicht dich.
Doch ich hasse nicht
und die Wut
ging längst
mit der Liebe.

infiziert

blind
vor wut
schäumend
eine welle von hass
gab sie ihm
ihren leib
und
er stellte
keine fragen

Schlichte Hoffnung

57

Wenn du,
mein Sternenkind,
mich anblickst
und aus leuchtenden Augen
dein Lächeln überreichst,
dann weiß ich nicht,
was du denkst –
doch ich hoffe
ganz leise und schlicht,
dass du mir
freundliche Gedanken schenkst
und vielleicht auch
dein Herz

Kunigunde

Ihr Name war Kunigunde.
Sie war noch jung
und wohl auch unberührt.
Alle im Dorf,
auch der Pfarrer,
waren sich einig.
Sie hatte ein vorbildliches Leben geführt!

Vorbei!
Mit entblößten Schenkeln
und Brüstchen
lag sie ganz köstlich ausgebreitet
vor mir
und ich spürte ein Lüstchen
ihr weh zu tun.

Und ich tat es auch –
ganz sanft.

Reue

Er sprach
ich liebe dich
sie lachte nur
voller Hohn
rief
ich liebe dich nicht
stieß ihn hinab
gähnend war der Abgrund
und weinend
folgte sie ihm

An meine Liebste

Du weißt es ganz genau.
Ich bin ein Schwein, ein Bösewicht.
Ich schlage, ficke,
aber lieb dich nicht.

Wenn ich dich in die Arme nehme,
wenn meine Zunge
alles Salz von deinem Leibe leckt,
dann, glaub mir, ist dies nur der Hass,
der mir in Herz und Seele steckt.

Komm nun zu mir
und lass dich schlagen!
Lass deinen Hass und meinen
süße Früchte tragen in deinem Leib.
Oh, wie ich dich doch hasse,
du geliebtes Weib!

Ohne Not

Du hast mich
ohne Not
verraten,
verkauft
für schlechtes Geld
und hast mein Herz
verscharrt
in deinem Garten,
der öde ist –
ein Totenfeld
aus Stein und Hass.

Leidenschaft

Lass mich deine Küsse fangen;
lass mich kosen deine Wangen
und den ganzen Leib dir streicheln.
Auch mit Worten
will ich dich umschmeicheln.
Bis mit lautem Stöhnen
wir verkünden unsre Lust.
Schmieg dich fest an meine
dicht und rau behaarte Brust,
die so bebt.

Ach wie süß sind deine Lippen,
das freche Wippen
deiner Brüste macht mich froh.
Und so will ich männlich roh
meinem Schöpfer danken
mit den Pranken,
die dich fest im Nacken
und am roten Schopfe packen,
während du mit großer Wut
mir das wild pulsierend Blut
aus dem Körper raubst.

Erwachen

Ich liege in meinem Bett.
Warum liege ich allein,
Geliebte?
Warum bliebst du nicht?
Nur der Duft deiner Haare
und die Wärme
deines üppigen Leibes
bleiben mir
und die Furcht,
dass du mich nicht mehr liebst.
Warum
hast du mich nicht geweckt,
als du gingst?
Hattest du Angst
vor meinen Fragen?

Gib dich ganz

Gib dich ganz in meine Hand,
du mein lachendes
Vögelchen!
Folge mir in das fernste Land,
du mein schnurrendes
Katzenkind!
Schmieg dich tief
in meinen starken Arm.
Dort ist es sicher.
Dort ist es heiß.

Und es riecht nach Schweiß,
riecht nach Mann.
Komm zu mir
und ich zeige dir,
wie ich dich in meinen Träumen gewann!

Bestimmung

Aus dem Abgrund,
aus der Hölle gesandt,
bin ich als Qual,
als glühender Stahl,
in das Leben des Weibes gebannt
und raube ihr
zum Zeitvertreib
Seele und Leib,
wann ich immer kann.

Ich bin alles Übel –
bin der Leibhaftige!
Ich bin ein Mann!

Flut

Heimlich flüsternd
mit umschäumten Lippen –
gierig lüsternd
steigt die Flut,
leckt an den Klippen
und deckt sie
mit fraulicher Wärme,
presst das Gestein
an die wogenden Brüste
und seufzt
voll der Lüste.
Auf dem Höhepunkt
endet das Sein.

Suizid

Der Tag begann.
Ein Fischlein schwamm
dem fernen Ufer näher.
Dort saß ein traurig Eichelhäher,
der sang und sann und sprang.

Strandgut

Ohne Namen
zum Gedenken
an Namenlose,
welche das Meer
auf sabbernden Lippen
an das steinige Ufer
kotzte,
standen sie
im Schatten der Bäume –
weiße Kreuze
ohne Namen.

Well und Wellin

Der Well,
ein mächtig starker Kerl,
griff sich
ganz unverzagt
die Wellin.
Wild gischtend stob
das Liebespaar
dem Ufer zu.
Es sprang
in eines Flusses Mündung,
um in des Fremden Bett
sanft
einzuschlafen.

Warnung

Sanft lächelnd,
verspielt, Wellen
an den weißen Korallenstrand
werfend,
narrt dich der Ozean.

Verbirgt
unter türkisfarbenem Auge
das geile,
saugende Maul,
das dein Leben verlangt.

Bruchkanten

Die scharfen Bruchkanten
der Muscheln
schneiden
tief in mein Fleisch.
Salzwasser
brennt in den Wunden,
leckt Blut –
auch das ihre –
vom zuckenden Leib.

Kap Arkona

Ein Wall,
von Zeit und Meer gebrochen,
weicher,
weißer Fels,
Gischt,
Sturm
und längst vergangne Träume
von Menschen,
deren Atem noch
das Kap
in dichte Nebel hüllt.
Im Landesinnern lächeln
schmerzverzerrte Bäume.

Seenot

Wenn du in einem kleinen Boot
auf See bist und gerätst in Not
aufgrund der furchtbar hohen Wellen,
die dir sehr feucht ins Fahrzeug schwellen,
dann naht vermutlich schnell der Tod.

Der Steuermann

Die Glocke schlägt, die Stund ist da.
Der Käpt'n hängt schon an der Rah;
die Mannschaft tot im Laderaum,
voll Blut, ganz grässlich anzuschaun.
Allein der Steuermann scheint wach,
doch fehlt ihm – Weh mir! Weh und Ach!
der Kopf auf seinen Schultern breit.
Das Schiff, es stöhnt.
Das Schiff, es schreit!

Hoch oben auf dem höchsten Mast
sitzt der Klabautermann zu Gast.
Sein Lachen heult schrill übers Meer.
Es stinkt nach Schwefel und nach Teer
und Blitze zucken durch die Nacht.
Der Steuermann steht still. Er wacht
ohn' Kopf auf seinen Schultern breit.
Die See, die stöhnt.
Die See, die schreit!

Da kommt ein prächtig Kauffahrtei
den langen Weg her von Schanghai.
Es kreuzt den Kurs des fremden Schiffs.
In graus'ger Nähe drohen Riffs
und hoch im Ausguck sitzt ein Mann,
entdeckt den fremden Steuermann
ohn' Kopf auf seinen Schultern breit.
Der Mann, der stöhnt.
Der Mann, der schreit!

Sein Maat erstarrt mit bleicher Stirn;
der Käpt'n martert sich das Hirn,
wie er dem Schrecken kann entrinnen –
will dann das Heil durch Flucht gewinnen.
Da reißt der Sturm das Ruder fort.
Er treibt das Schiff zum dunklen Ort,
wo ohne Kopf auf Schultern breit
der Steuermann
wild stöhnt und schreit!

An Bord ist auch Prinzessin Ming,
ein selten zartes, schönes Ding
und Tochter des Chinesenkaisers.
Auch sie schreit auf – nur etwas leiser.
Will doch zum fernen Bräut'gam fahren;
sieht nun des Steuermanns Gebaren
und seine kopflos Schultern breit.
Sie stürzt zur Reling,
stöhnt und schreit!

Da birst das Schiff in tausend Teile
und schon nach einer kurzen Weile
ist nur der Großmast noch zu sehen.
Aus dunklen Wassern tönt ein Flehen.
Prinzessin Ming treibt auf den Wogen,
wird hin zum fremden Schiff gesogen,
wo ohne Kopf auf Schultern breit
das Böse steht
und stöhnt und schreit!

In diesem dunklen Augenblicke
lenkt eine Well' der Maid Geschicke
und wirft sie auf das graus'ge Schiff,
weit fort vom wüst umtobten Riff –
direkt dem Steuermann zu Füß'.
Dem wird's ganz heiß nun und auch süß!
Es zittern ihm die Schultern breit.
Sein ganzer Körper
stöhnt und schreit!

Er beugt sich zur Prinzessin nieder,
streichelt verzückt ihr nasses Mieder,
will sich dann nähern auch zum Kuss,
doch ist versagt ihm solch Genuss
aus einem recht verständlich Grund.
Es fehlt der Kopf dem armen Hund
auf seinen blut'gen Schultern breit.
Er ist verzweifelt,
stöhnt und schreit!

Da hat Prinzessin Ming Erbarmen,
umschließt den Mann mit ihren Armen
und segelt so an dessen Seite
hinfort in blaue Meeresweite.
Sie schwört, ihm ewig treu zu sein,
gebiert schon bald ein Kindlein fein –
doch ohne Kopf auf Schultern breit
liegt's in der Wiege,
stöhnt und schreit!

Inhalt